La narr... de cuentos

por Rubí Borgia
ilustrado por Roberta Collier-Morales

HOUGHTON MIFFLIN HARCOURT
School Publishers

Printed in Mexico

ISBN-10: 0-547-26965-X
ISBN-13: 978-0-547-26965-8

4 5 6 7 8 0908 18 17 16 15 14 13   4500429716

Capítulo 1: Anita y Chispita

—Esta tarde viene Doña María a contarte un cuento, Anita. Te va a gustar mucho ella —dijo la enfermera con una sonrisa.

La habitación del hospital estaba oscura. Miró a la enfermera, pero no contestó. Ella no quería conocer a nadie, ni escuchar cuentos. Ya su pierna estaba mejor y pronto se iría del hospital. Regresaría a su casa a estar con sus padres, pero no con Chispita. Al pensar en su perrito muerto, estaba avergonzada porque se le llenaron los ojos de lágrimas y no podía dejar de llorar.

—Ya, m'ija, ya, —su mamá le acariciaba el cabello. Sabía lo mucho que sufría su niñita. El accidente de automóvil que tuvieron fue horrendo, pero no le sucedió nada a ella y el daño a la pierna de Anita no fue grande. Pero el pobre Chispita había muerto y Anita estaba inconsolable al pensar en su perrito. "Quizás esta señora, Doña María, la pueda entretener un rato", pensó la mamá.

La enfermera le había contado sobre Doña María. Era una anciana maestra de escuela que nunca se había casado ni tenido hijos. Había dedicado su vida a los niños poco afortunados y con problemas.

Cuando Doña María supo de Anita, quiso visitarla y le pidió permiso a su madre para ir a ver a la niña ese mismo día.

Esa tarde, tal como prometió, llegó Doña María en su silla de ruedas.

—Hola, Anita. Soy Doña María. Me llaman la narradora de cuentos —dijo la anciana, poniendo su mano frágil y arrugada sobre la pequeña mano de la niña.

—Aunque yo siempre he pensado que me deben decir "la gran narradora de cuentos" —siguió con su voz suave y una sonrisa pícara.

Anita miró la cara de la anciana y le apretó la mano. Anita dijo suavemente:

—Hola, "gran narradora" de cuentos.

Pasaron toda la tarde juntas, la niña y la anciana, hablando, contando cuentos, riendo y hasta llorando un poco cuando Anita le contó a su nueva amiga lo que había pasado la última semana y la muerte de su adorado Chispita.

—Ya está muerto. Nunca más lo volveré a ver —dijo con tristeza la niña.

—Bueno, te voy a dar un consejo. Quizás no lo vuelvas a ver tal como era, pero el amor que se tenían el uno al otro, los buenos ratos que pasaron juntos, eso no desaparece. Eso queda siempre contigo, es parte de ti.

La anciana hablaba con pasión en su voz, queriendo convencer a la niña de esta verdad tan importante.

En eso llegó la enfermera, regañando a Doña María por haber estado tanto tiempo fuera de la cama.

—Mañana la visito yo a usted. ¡No nos van a separar para siempre! —le gritó Anita mientras Doña María se alejaba en su silla de ruedas, llevada por la enfermera.

Capítulo 2: Un nuevo día

Al día siguiente Anita despertó alegre. Afuera las hojas empezaban a caerse de los árboles y los pájaros daban menos vueltas. Pronto sería invierno, pero por ahora, era un bello día.

Por la tarde Anita se dirigió a la habitación de Doña María. Al entrar, vio a la anciana en su cama, tan sola y tan blanca. Se dio cuenta de que su amiga estaba muy frágil.

—Doña María, soy yo, Anita.

—¡Qué maravilla! Ven, siéntate a mi lado. Quiero enseñarte algo —dijo Doña María mientras señalaba un gran árbol que se veía por la ventana. El árbol estaba en una pequeña parcela de tierra con arbustos que crecían por sus linderos.

—Cuando llegué a este hospital, el árbol tenía muchas hojas y muchos pájaros. Pero ya han ido

desapareciendo las hojas una por una y los pájaros
también. Pronto acaba el otoño y la temporada
de la cosecha también. Siempre he pensado que
cuando ya no quede ningún pajarito, yo también
desapareceré.

Anita veía que la anciana hablaba en serio.

—Bueno, niña, ¿qué hacemos hoy?
¿Contamos más cuentos?

—Sí. Cuénteme muchos cuentos más.

—Bueno, creo que te contaré sobre un perrito
llamado Chispitas . . .

—¡Sí! ¡Sí! ¡Cuente ése!

Y así pasaron otra tarde, la anciana y la niña,
formando un lazo profundo de amistad.

En pocos días Anita estaba de regreso en su casa y pronto en la escuela con sus amigas. Pero todos los sábados su mamá la llevaba a visitar a Doña María y a pasar ratos con ella. Sin embargo, al pasar el tiempo, Anita no podía dejar de fijarse en lo débil que se veía la anciana.

Siempre, antes de despedirse, la niña se fijaba en los pájaros que se posaban sobre las ramas del árbol frente a la ventana. Y al pasar el otoño, poco a poco los pájaros iban desapareciendo.

Una tarde, cuando llegó Anita de visita, la anciana estaba demasiado cansada para hablar con ella. La enfermera le explicó a la niña pidiéndole que regresara otro día.

Anita podía ver el árbol frente a la ventana de la anciana y lo que vio allí la asustó. En la rama quedaba un solo pajarito que parecía que pronto alzaría vuelo. Anita sintió que tenía que hacer algo.

Capítulo 3: Los pájaros del amor

Corriendo con ansiedad, Anita llegó al salón de recreo del hospital. Pronto recogió todo lo que necesitaba: creyones, pinturas, el pegamento y las tijeras que pidió prestadas de una enfermera. Mucho más luego, su mamá la encontró allí haciendo su labor de amor.

Esa noche, de la ventana de la habitación de Doña María, la rama del árbol estaba llena de bellos pájaros de colores brillantes.

A la mañana siguiente Anita estaba a su lado cuando Doña María abrió los ojos.

—Mire, Doña María, mire hacia afuera. —Y con esas palabras la niña señaló el árbol frente a la ventana, ahora lleno de bellos pajaritos.

—¡Qué bella eres, Anita! —dijo la anciana—. Es una lástima que no te veré llegar a ser mujer, porque sé que serás una mujer excepcional.

—Pero, Doña María, con tantos pajaritos, usted va a vivir muchos años más —casi suplicó la niña.

—Mi niña, voy a vivir una eternidad en tu corazón y en los corazones de los otros niños que he amado. Seré como esos pajaritos que se desaparecen cada invierno para regresar de nuevo en la primavera, nuevos y frescos, llenos de ternura y de amor. ¿Comprendes, Anita?

Anita titubeó. Luego comenzó a sonreír. Impulsivamente se acercó a la anciana para darle un gran beso.

—Sí, narradora de cuentos, usted siempre estará conmigo, como lo está Chispita y todos a los que uno quiere.

La bella risa de ambas, la niña y la anciana, llenaba la habitación y se escuchaba salir por la ventana donde estaba el gran árbol con los bellos pájaros de papel, coloridos y brillantes, que jamás alzarían vuelo.

Responder

✔ **DESTREZA CLAVE** **Conclusiones** ¿Qué aprende Anita de su amistad con Doña María? Copia la gráfica siguiente. En cada casilla, haz una lista de los detalles que te ayudan a comprender lo que Anita aprendió. Luego, escribe tu conclusión en la casilla de abajo.

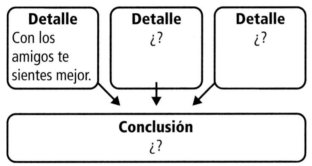

Detalle
Con los amigos te sientes mejor.

Detalle
¿?

Detalle
¿?

Conclusión
¿?

¡A escribir!

De texto a texto ¿Has leído otro libro sobre una amistad entre personas de diferente edad? Escribe un párrafo. Usa detalles y palabras exactas para describir la amistad de ese cuento.

VOCABULARIO CLAVE

avergonzado	lindero
consejo	parcela
cosecha	pedir prestado
en serio	separar

DESTREZA CLAVE Conclusiones Usa los detalles para comprender las ideas que el autor no enuncia abiertamente.

ESTRATEGIA CLAVE Inferir/Predecir Usa las claves para entender más sobre la lectura.

GÉNERO La **ficción realista** es un cuento que incluye sucesos que podrían ocurrir en la vida real.